O Jogo dos Sacerdotes
Astrágalos

Luzimil de Oliveira

O Jogo dos Sacerdotes
Astrágalos

MADRAS

© 2002, Madras Editora Ltda.

Editor:
Wagner Veneziani Costa

Produção e Capa:
Equipe Técnica Madras

Revisão:
Wilson Ryoji Imoto
Sandra Garcia

ISBN: 85.7374.216-X

Proibida a reprodução total ou parcial desta obra, de qualquer forma ou por qualquer meio eletrônico, mecânico, inclusive por meio de processos xerográficos, sem a permissão expressa do editor (Lei nº 9.610, de 19.2.98).

Todos os direitos desta edição reservados pela

MADRAS EDITORA LTDA.
Rua Paulo Gonçalves, 88 — Santana
02403-020 — São Paulo — SP
Caixa Postal 12299 — CEP 02098-970 — SP
Tel.: (0_ _11) 6959.1127 — Fax: (0_ _11) 6959.3090
www.madras.com.br

Índice

Astrágalos e Dados	7
Mão Perita e Mão Leiga	9
O Claro	11
O Antagônico	13
A Regência	15
Regências	17
I — Regências Puras	17
II — Regências Alternadas	17
III — Regências Mistas	18
Intuição e Sensibilidade	19
Preparativos	21
Momento das Consultas	23
Regência Pura do Um	25
Regência Pura do Dois	27
Regência Pura do Três	29
Regência Pura do Quatro	31
Regência Pura do Cinco	33
Regência Pura do Seis	35
Regência Alternada do Um/Seis	37
Regência Alternada do Dois/Cinco	39
Regência Alternada do Três/Quatro	41
Regência Alternada do Quatro/Três	43
Regência Alternada do Cinco/Dois	45

Regência Alternada do Seis/Um 47
Regência Mista do Um/Dois 49
Regência Mista do Um/Três 51
Regência Mista do Um/Quatro 53
Regência Mista do Um/Cinco 55
Regência Mista do Dois/Um 57
Regência Mista do Dois/Três 59
Regência Mista do Dois/Quatro 61
Regência Mista do Dois/Seis 63
Regência Mista do Três/Um 65
Regência Mista do Três/Dois 67
Regência Mista do Três/Cinco 69
Regência Mista do Três/Seis 71
Regência Mista do Quatro/Um 73
Regência Mista do Quatro/Dois 75
Regência Mista do Quatro/Cinco 77
Regência Mista do Quatro/Seis 79
Regência Mista do Cinco/Um 81
Regência Mista do Cinco/Três 83
Regência Mista do Cinco/Quatro 85
Regência Mista do Cinco/Seis 87
Regência Mista do Seis/Dois 89
Regência Mista do Seis/Três 91
Regência Mista do Seis/Quatro 93
Regência Mista do Seis/Cinco 95
Quadro Geral das Regências 97

Astrágalos e Dados

Esta obra resgata os encantos divinatórios dos astrágalos, usados pelos sacerdotes, já na antiga Grécia, como uma forma de consulta aos Deuses. Entretanto, por uma questão de ordem prática, o autor optou por substituí-los por dados. E nada perdeu com a troca, pois os astrágalos tinham as mesmas marcações dos dados modernos.

Segundo uma lenda grega, os dados teriam sido inventados pelo herói Palamede, para entretenimento de seus guerreiros, durante o tedioso cerco à cidade de Tróia.

Ao certo, sabe-se que os dados, com diferentes formas e marcações, foram usados por diversas culturas em épocas remotas. Eram familiares aos astecas, egípcios, hindus e esquimós, em rituais de magia e práticas esotéricas.

Só depois vieram a ser usados como mola propulsora de jogos. E, assim, passaram a ser associados, impropriamente, apenas aos jogos de azar.

Mão Perita e Mão Leiga

No jogo dos Astrágalos, você usará o dado como uma porta para penetrar no universo místico. E a cada consulta fará dois lançamentos: um com a *mão perita* e outro com a *mão leiga*. Sempre nessa ordem. Para os destros, a mão perita é a direita. E a mão leiga é a esquerda. Já para os canhotos, a relação é inversa, ou seja, a mão esquerda é a perita, e a mão direita é a leiga.

A mão perita está associada ao conhecimento, à lógica, à racionalidade. A mão leiga, por sua vez, está ligada ao inconsciente, ao *eu interior*.

O Claro

Faça um diagrama em forma de cruz numa folha de papel. Anote o lançamento da mão perita no quadrante superior à esquerda, e o lançamento da mão leiga no quadrante superior à direita.

Os números sorteados nesses lançamentos são chamados claros ou abertos. Esses números simbolizam a luz, a revelação, o destino. Eles serão peça fundamental para você interpretar os sinais transmitidos pelos dados.

O Antagônico

É hora de você anotar os números antagônicos no plano inferior do desenho.
Antagônico é o número que se encontra na face oposta à do número claro. E apesar de figurar em um plano inferior, o antagônico é de vital importância no jogo dos Astrágalos, pois simboliza o contraste, o lado misterioso do universo cármico, o desconhecido.
Não é à toa que nos astrágalos a soma dos lados era igual a sete, um número mágico por excelência.
O mesmo se dá com os dados. E, assim, temos:

claros   antagônicos
1 6
2 5
3 4
4 3
5 2
6 1

A Regência

Você já fez os lançamentos e anotou no desenho em forma de cruz os números claros, com os respectivos antagônicos. Pois agora você está diante de uma *regência*.

A regência é exatamente essa combinação: números claros e antagônicos em conjugação, fruto dos lançamentos da mão perita e da mão leiga.

Por uma questão didática, poderíamos compará-la aos signos do Zodíaco. Mas só por analogia, pois existem diferenças marcantes entre estes e as regências dos astrágalos.

Nos astrágalos, uma pessoa está sujeita à influência de todas as regências, que se revezam em força ao longo de sua existência. No zodíaco, a pessoa é regida por um único signo, em função da data de nascimento.

Nada mais natural. Em nossas vidas, sofremos a influência de incontáveis acontecimentos e situações. Somos um hoje e outro amanhã, num constante processo de mutação física e psíquica. As regências esclarecem esse fenômeno.

A seguir você terá, à sua disposição, a representação das 36 regências ligadas aos astrágalos.

Regências

São 36 as regências, que se dividem em três grupos:

I — Regências Puras

São aquelas em que o lançamento da mão perita e o da mão leiga se igualam. Assim, o número claro do quadrante à esquerda será o mesmo do quadrante à direita. Por conseqüência, os antagônicos também serão representados por um mesmo número. São seis as regências puras.

II — Regências Alternadas

Nas regências alternadas, a soma dos números claros será igual a sete. Ou seja: no diagrama, dois números se alternam como claro e antagônico. As regências alternadas também são seis.

III — Regências Mistas

São as regências em que todos os números (claros e antagônicos) diferem entre si. As regências mistas são 24.

Intuição e Sensibilidade

É preciso intuição para interpretar as regências. Digamos que uma regência informe que você está vivendo um período marcado pelo individualismo. Isso é bom ou ruim? Ora, a questão é relativa. O individualismo é aplaudido em certos lugares. Mas não é benquisto numa sociedade coletivizada como, por exemplo, a japonesa. Da mesma forma, a timidez é considerada uma virtude. Mas de que servirá para alguém que está a disputar um emprego que exija desenvoltura?

Caberá a você, caro leitor, entender as lições ministradas pelas Regências.

Preparativos

Antes de uma consulta, procure um lugar confortável para acomodar-se. Em seguida, escolha uma superfície plana para cumprir o ritual dos lançamentos, cobrindo-a, se possível, com uma manta. Então, coloque o dado na palma da mão e respire, profundamente, várias vezes. Conserve a mente e o corpo em perfeito equilíbrio para colher as vibrações positivas que emanam à sua volta.

O dado, usado nessa hora, deverá ser transformado em objeto de uso pessoal. Sempre que possível, leve-o com você, como um talismã. E mesmo durante o sono mantenha-o próximo. Esse será o veículo para você mergulhar no mundo das revelações.

Momento das Consultas

    Os dados podem ser consultados com relativa freqüência. Entrementes não se deve recorrer a eles de maneira compulsiva ou por mera curiosidade.

    As regências têm períodos indeterminados de atividade, que tanto podem durar dias como horas.

    Pessoas dotadas de sensibilidade perceberão o momento em que uma regência começa a ser substituída pela atividade de outra. Neste momento, é aconselhável que se faça uma nova consulta. O consulente poderá valer-se dos dados às vésperas de uma situação importante.

$\dfrac{1}{6} \Big| \dfrac{1}{6}$

Regência Pura do Um

Esta é a regência do individualismo e pode ser representada pela figura do espelho. Durante a sua atividade é relativamente fácil resolver certos problemas e tomar decisões. É o período do Ego, do narciso, da auto-suficiência. Todavia, um surto repentino de crises de humor pode levá-lo a se isolar do mundo, intelectual e emocionalmente. De qualquer modo, você estará apto a viver um momento singular na vida afetiva. Procure aproveitar esta oportunidade que pode ser única. Aproveite para demonstrar autoconfiança frente à pessoa amada e, assim, conquistá-la. Ousadia e destemor em doses moderadas poderão fazer a diferença. Na hipótese de ter que medir força com um rival, as chances militam em seu favor. Lembre-se: no amor é necessário dividir. Cuidado ao tentar se transformar no número UM, convertendo a sua carametade em simples objeto de prazer. Sinta que a sua autoconfiança cresce. Mas com ela aumenta, também, o culto exagerado da personalidade. Não se projete, pois, a ponto de esquecer as coisas ao seu redor, para não colher surpresas desagradáveis.

O momento de mostrar as suas habilidades é chegado. Quem sabe lutar por um cargo mais elevado, firmar posições. Durante esta regência, você reunirá as condições necessárias para correr atrás das vitórias. Mas não confie apenas no destino para realizar seus sonhos. Ajude a sorte com seu espírito de luta. E, sobretudo, confie na sua intuição para tomar decisões difíceis.

Não passe adiante a imagem de dono do mundo, de nariz empinado. A vida moderna depende do esforço coletivo. Por isso, permita que a sua cabeça se sobressaia em relação às demais, mas não a ponto de chamar a atenção, como uma girafa em meio a um grupo de pigmeus. Colocar-se em evidência sempre é importante, mas isso costuma atrair a ira de invejosos.

$$\frac{2}{5}\bigg|\frac{2}{5}$$

Regência Pura do Dois

Nesta regência afloram sentimentos de solidariedade. Renuncia-se ao isolamento, ao egocentrismo. Você passará a olhar para o próximo com mais atenção. Daí nasce a consciência do mundo. Sua tendência será andar em linha reta, sem devaneios, com a cabeça no lugar, com uma meta planejada a partir de dois pontos. Neste momento, nada que for inesperado será bem-vindo.

A Regência Pura do DOIS estabelece a relação dos pares, dos enamorados. Faça as escolhas com prudência, pois há chances de se encontrar um grande amor, que até poderá ser o maior de sua vida. As possibilidades de reatar um antigo romance também são grandes. De outro lado, se você já se encontra ao lado de sua alma gêmea, zele para que este relacionamento se fortaleça.

A Regência Pura do DOIS nem sempre representa harmonia do amor. O sentimento de posse, por vezes, talvez sufoque o ser amado. Use o bom senso para não invadir a privacidade do seu par. Uma relação deve ser boa para os dois e não apenas para você. Mesmo o excesso de romantismo pode tornar-se enjoativo quando em demasia. Modere-se para alcançar o sucesso.

Não tenha pressa em mudar de emprego. O DOIS comandando a regência indica uma relação relativamente harmoniosa entre você e sua atual ocupação profissional. Deixe-se levar pelo espírito de cooperação. Na hipótese de surgir uma oportunidade, meça as vantagens e desvantagens do novo ofício. As fortunas não surgem de repente, e é necessário travar muitas batalhas para alcançar o sucesso.

Sob a regência do DOIS, procure ser cauteloso e paciente. Seu trabalho será reconhecido no momento devido. Aguarde a oportunidade certa para realizar as suas ambições, dedicando-se aos seus afazeres, sem tédio e sem medo. O sucesso profissional chegará, ainda que um tanto lento para os mais ansiosos. Lembre-se: você só tem dois pés e só pode dar um passo por vez.

3	3
4	4

Regência Pura do Três

O TRÊS, no topo da regência, anuncia um período de emoções fortes e valiosas. Hora excelente: faça da intuição a mola mestra para novos empreendimentos. Fatos inesperados estão por acontecer e deverão mudar o rumo de sua vida. Não tenha receio de colocar em prática boas idéias. A época é favorável, ainda, para a conquista de novos amigos e para reatar velhas amizades.

O TRÊS está ligado intimamente ao triângulo, figura geométrica de imensa força e poder. O período é propício para expandir as fronteiras e conhecer um novo amor ou (até mesmo) novos amores. Bom momento para os novos começos, novas idéias, novos amigos. Assuma o seu lado aventureiro e mostre às pessoas todo o seu charme e, na medida certa, uma pitada de mistério.

Sob a regência do TRÊS, as possibilidades de um triângulo amoroso não devem ser ignoradas. Alguém poderá estar a ponto de cruzar o seu caminho para mexer com a sua emoção e sexualidade. Cuide-se e cuide, também, de sua cara-metade. Situações novas podem adicionar uma dose extra de sensualidade ao amor, mas, por outro lado, podem levá-lo a um fim prematuro.

Neste instante, a cordialidade é a sua marca característica. Você saberá receber novos amigos sem receio ou desconfiança. E, a princípio, não enxergará rivais ou concorrentes. Esse espírito cordial e hospitaleiro não tem barreiras. Livre de preconceitos, você possivelmente estenderá seu calor humano a qualquer pessoa do seu relacionamento profissional, homens e mulheres.

No seu mundo, você se tornará um curioso nato. Seus amigos e colegas, vez ou outra, poderão se sentir devassados por sua visão de raios X. Apesar da simpatia que você vier a distribuir, o seu interesse poderá ser interpretado como bisbilhotice. Esse é o risco. E assim é possível que você tenha de reestudar suas atitudes. Pois não é só o tempo que muda você. Você também deve mudar com o tempo.

Regência Pura do Quatro

Quatro são as estações do ano, que determinam o ciclo eterno da vida. Sob esta regência, surge a consciência da perenidade, da relação do homem com o Universo. Momento de auto-reflexão e de profunda sabedoria. Ainda, a figura do quadrilátero, associada ao quatro, é carregada de significados, como a dizer que o homem, como criatura mortal, deve conhecer suas próprias limitações.

No amor, a sua conduta poderá ser tachada de conservadora. As práticas exóticas para a satisfação da sexualidade perdem um sentido mais urgente. O senso de responsabilidade, então, conduzirá sua vida emocional para uma situação de absoluta monotonia. Mas na verdade, neste intervalo, você ganhará em equilíbrio emocional. E, por vezes, é recompensador passar certos períodos sem sobressaltos.

Um comportamento extremamente metódico poderá torná-lo alvo de críticas por parte das pessoas de seu círculo de relacionamento. O repentino interesse por questões de menor valor é capaz de transformá-lo num chato. Por isso, evite ser repetitivo todo o tempo. O desinteresse pelas novas formas de amar pode selar o destino de um grande amor. Lembre-se: a rotina é a mais perversa das prisões.

As realizações profissionais se encontram num clima de estabilidade. Se, de um lado, o momento não parece destinado a grandes mudanças, de outro, a rotina do trabalho lhe traz certa tranqüilidade. A sua capacidade profissional pode ser observada pelo afinco com que você se dá ao trabalho, pois pequenos detalhes são tratados com a mesma responsabilidade e atenção.

Chegou o momento de reinterpretar suas relações profissionais, sob pena de se tornar vulnerável ou ultrapassado. Você não é um exemplar único e pode muito bem ser mais um produto descartável na sociedade de consumo. Com efeito, diz-se, com certa razão, que depois da tempestade vem a bonança. E acomodar seu barco em águas sempre tranqüilas talvez não seja a melhor idéia.

$$\begin{array}{c|c} 5 & 5 \\ \hline 2 & 2 \end{array}$$

Regência Pura do Cinco

A Regência do Cinco é simbolizada pela figura cabalística do pentagrama. O Cinco também ganha expressão na mão humana, como instrumento da habilidade e das ciências. Fase de rotina do ambiente doméstico. Sob a Regência do Cinco, as viagens longas não são invejadas. Com certa cautela, evitam-se experiências e investidas audaciosas, que traduzam certo risco.

Nesta regência, os impulsos são controláveis. Nada de paixões arrebatadoras. Mesmo na vida sexual, o indivíduo atua com tranqüilidade e perseverança. Seus parceiros no amor deverão entender que não lhe atraem os beijos e a fúria libidinosa. A vida é alegre e cheia de atrativos, mas sempre sob a ótica da segurança. A vida monogâmica, exclusivamente a dois, torna-se interessante.

Nesta regência, você não estará sujeito a grandes tropeços emocionais. Em compensação, a calmaria é inimiga dos navegantes. A sua paciência em resolver as questões profissionais farão de você uma pessoa confiável. Sua evolução profissional torna-se lenta, mas segura. E o sucesso aparece ao longo das etapas. Mas será que a perseverança é sua melhor arma para galgar os degraus do sucesso?

Veja, também, por este lado: seu trabalho vem se desenvolvendo num ritmo sem ambições. A sua imagem não é propriamente a de um revolucionário, a procura de novas soluções. Isso poderá criar o mito de que você é uma criatura sem grandes planos, o que poderá dificultar as suas chances de ascensão. Por isso, não hesite em mostrar-se aborrecido com a falta de reconhecimento.

Regência Pura do Seis

Nesta regência, você vive entre impulsos. Como um mitológico centauro, você é um misto de homem e fera, razão e emoção. E tanto convive com as características soberanas do ser humano (inteligência), quanto com o lado impulsivo do animal, que existe em todos nós. As idéias brilham e tornam a comunicação mais acessível. Mas atitudes inesperadas podem confundir as pessoas ao redor.

De um lado, você gostaria muito de consolidar seu relacionamento, numa química de carinho e romance. Mas, de outro, acaba por dar vazão à sexualidade. Você pode tornar-se uma pessoa irresistível, enigmática, com predileção pelo inesperado. Os desafios serão bem-vindos, como autêntica diversão. O seu lado guerreiro está sequioso por novas conquistas e vibra pela batalha.

É hora de administrar sua coragem e sua arrogância. Deixá-las fluir sem controle pode ser perigoso. Portanto, seria interessante domar seus impulsos e refrear a sensação de poder desmesurado, na medida em que você poderá tornar-se um tolo irresponsável. A imagem do arrogante, do prepotente, é sempre desagradável e, com isso, o seu relacionamento virá a correr riscos desnecessários.

A audácia para galgar os degraus do sucesso não lhe falta. Por isso, habilite-se e ceda ao impulso de disputar aquela posição que lhe parecia tão distante. Caso não encontre um campo propício para a sua ambição, não esmoreça antes da hora, pois o momento é excelente para partir atrás de outras oportunidades. Você vive um período excelente para conseguir resultados positivos.

Sim, seus instintos estão apurados. Você se destaca pela capacidade de improvisar. Entretanto, não é prudente ostentar o sorriso de superioridade, que pode chocar os menos afortunados. Estude as reações das pessoas mais próximas antes de mostrar toda sua capacidade. Afinal, você pode tornar-se vítima dos ciúmes alheios e de conspirações invisíveis.

1	6
6	1

Regência Alternada do Um/Seis

Um tanto de prepotência, uma ponta de narcisismo e muita audácia se misturam no seu íntimo. Ora você se volta para a lógica mais pura. Mas (pasmem!) ora se vale apenas dos instintos. Essas características podem colocá-lo à margem do convívio social, isolá-lo, impedindo sua integração. Saiba dominar seus ímpetos, embora o esforço para tanto possa causar certa angústia.

Essa sua natureza impetuosa é sempre um atrativo para quem gosta de emoções fortes. Resta saber se todas as pessoas que estão ao seu lado são adeptas de tanta adrenalina. De qualquer modo, você poderá usar suas energias para se tornar um amante maravilhoso. Esta regência põe à mostra o seu lado enigmático, o camaleão que existe em todos nós.

Desnecessário dizer que controlar tantas forças pode tornar-se penoso. Para o ser amado você poderá tornar-se um fardo. Pense antes de pisotear corações. Suas características ímpares nem sempre serão vistas com bons olhos. Esqueça o bordão "antes só do que mal acompanhado" para não se tornar um solitário. Não faça nada que não possa ser contornado mais tarde.

A regência, ainda, mostra que em torno de você poderá ser criado o mito do bom sujeito. E essa fama de mediador e salvador-da-pátria poderá torná-lo uma figura imprescindível. Artistas, de um modo geral, arquitetos, inventores e profissionais que dependem da criatividade encontram, nesse instante, a necessária liberdade para transformar suas idéias em obras concretas.

Um temperamento inconstante? Certas pessoas poderão achá-lo extremamente emotivo. Outros se deixarão impressionar pela agudeza de seu raciocínio, de sua percepção. De qualquer forma, estarão olhando para você com um quê de desconfiança. Não será fácil agradar a todos, gregos e troianos. Mas, se isso lhe trouxer transtornos, basta mudar de rumo.

2	5
5	2

Regência Alternada do Dois/Cinco

Você está cercado de bons amigos. A cordialidade é sua marca nesse momento. O magnetismo pessoal coloca seu prestígio social em alta. A hora é propícia para realizar negócios, fazer viagens, participar de excursões, reunir-se com os vizinhos. Preocupe-se até com detalhes triviais, como uma pequena reforma na sala de visita para receber convidados. Um novo visual será especialmente útil.
    Esta é a regência da perseverança, da tenacidade. Certas diferenças pessoais quase sempre serão aparadas sem seqüelas. E assim suas relações amorosas dificilmente terminarão em conflito. Observe: uma vida em comum deverá trazer vantagens e prazeres. E, até por isso, é natural que um compromisso mais sólido possa ser firmado. De qualquer modo, a decisão será sua.
    Dedique um pouco de seu tempo ao amor. Razões para isso não faltam. Chega de lamentar os erros do passado. Melhor é aprender com eles. Mas isso não é tudo. É preciso mos-

trar a cara, arriscar-se, pois o aconchego do lar e o conforto da velha poltrona podem-se tornar armadilhas perigosas. E uma mudança de ares é a fórmula mágica para reacender a paixão. Renove-se.

São idéias que impulsionam um empreendimento ou um negócio. Boas idéias, claro! Como a oportunidade de colocá-las em prática não aparece a todo instante, não espere pela ocasião. Provoque o acontecimento, pois você atravessa um período favorável às realizações, ao pensamento, às reflexões. O terreno, portanto, é fértil para construir.

Você talvez não esteja sentindo o ânimo necessário para colocar em prática seus planos. Mas, coragem! Aplique-se para remodelar sua vida. Redecore a sua casa ou algo assim, pois até mesmo a mudança do cenário doméstico deverá concorrer para um melhor astral. Todavia, se possível, evite o contato com cores fortes, berrantes, como a roxa e a vermelha.

| 3 | 4 |
| 4 | 3 |

Regência Alternada do Três/Quatro

O clima para superar as dificuldades é bom. Desde que você se proponha a enfrentá-las, é claro! Não seja complacente, nem intolerante em demasia. Tampouco, assopre as brasas da fogueira da vaidade. Dê preferência a entretenimentos mais saudáveis, que coloquem você em comunhão com a natureza, pois o momento favorece o contato com o elemento água.

Você atravessa período extremamente favorável a contatos físicos e pode contar com a reciprocidade do ser amado. Arrisque-se a escrever aquela declaração de amor, se você ainda não o fez. O momento é ideal para conquistar corações. Por isso, solte o poeta adormecido que se esconde no seu íntimo, sem pudores. O seu lado romântico será bem acolhido, com certeza.

A felicidade alheia é alvo de admiração, mas, também, de inveja. E, por essa razão, preocupe-se com aqueles que se aproximam, pois é possível que a sua alegria seja empanada por maledicências. Esteja preparado para dirimir dúvidas a seu respeito. Algumas pessoas podem deixar-se levar por suspeitas infundadas. Mas, com boa vontade, é possível colocar as coisas no lugar.

Saiba organizar suas atividades profissionais, fazendo bom uso de anotações e agendas, pois não é hora de confiar tanto na memória. Prepare-se para receber elogios. Mas, antes, arregace as mangas e imprima a suas tarefas o ritmo de sempre. Mostre-se dinâmico, sorridente e, principalmente, interessado nas questões mais polêmicas. Você será reconhecido por isso.

Seja suficientemente humilde para reconhecer seus defeitos antes que outros o façam, pois não convém deixar ressentimentos para trás. Então, nada de descuidar-se. É claro que o sucesso também depende de obstinação. E se você não estiver atento às novidades acabará, fatalmente, ultrapassado. Que tal se você mostrar-se mais cordial? Ou mais solidário?

4	3
3	4

Regência Alternada do Quatro/Três

Esta regência estabelece maior ligação do ser com as forças da natureza. Aprimora-se o prazer pelas experiências místicas e pelo conhecimento intuitivo do mundo. Atividades ligadas à terra tornam-se importantes e podem ser úteis ao bem-estar. O momento é bom para você relembrar antigas lições e procurar novos rumos para a sua vida.

Seu interesse por questões metafísicas, leituras e outras atividades intelectuais está em alta. Mas esse seu interesse por questões de natureza intelectual não o impede de aprimorar a forma física, fazendo exercícios regulares. Repentinamente, surge o desejo de quebrar tabus. É hora de colocar para fora de si o amante ousado, o tipo que faz convites excitantes e incomuns.

Que tal uma visão menos pragmática do amor? Pois você parece mais disposto ao contato puramente físico e aos prazeres temporários. E, assim, passa a deixar seus sentimentos sempre em segundo plano. Fatalista: o amor é eterno apenas enquanto dura. É a filosofia do pão, pão, queijo, queijo. Isso poderá torná-lo insensível, cego para a beleza do mundo à sua volta.

    Assuntos de ordem financeira vêm despertando seu interesse. Você se mostra mais sociável e faz uso do seu charme com facilidade (isso facilita as coisas até mesmo no campo dos negócios). Procura não mostrar insegurança e costuma olhar para as coisas de maneira razoavelmente otimista. Dessa forma, não necessita de apoio para levar as idéias adiante, pois sabe que não cometerá erros tolos.

    Uma vida social desregrada não serve de nada para quem tem pressa de conquistar o mundo (e ser reconhecido pelo talento). Noites mal dormidas são a melhor maneira de fazê-lo parecer um saco de batatas no dia seguinte. Por isso, é sempre bom evitar excessos de toda ordem, cigarros e bebidas alcoólicas. Afinal, olheiras não vão deixar você mais charmoso, nem com um ar mais jovial.

5	2
2	5

Regência Alternada do Cinco/Dois

Prepare-se para ingressar em um novo mundo de sonhos e fantasias. De sua cabeça estão para brotar mil planos (uns mais mirabolantes do que os outros), pois você se encontra no limiar da sensibilidade. E, sob esta regência, uma vida social menos agitada pode ser uma opção agradável. Assim, não perca a oportunidade de reunir-se com os amigos, em almoços e jantares domésticos.

Ao lado do ente querido, haverá a oportunidade para demonstrações de afeto. Boa hora para trocas confidências. O momento, ainda, é excelente para desenvolver sentimentos mais românticos e músicas suaves podem ser um verdadeiro bálsamo para o espírito. Apenas se cuide para não se deixar arrastar por lembranças perdidas no baú da memória.

Ícaro derreteu as asas ao aproximar-se em demasia do calor do Sol. Por isso, tome certos cuidados para não planar pelo mundo como uma bolha de sabão. As coisas terrenas exigem responsabilidade e pés no chão. Portanto, faça seus planos de vôo sabendo de antemão exatamente onde você quer pousar. Atenção: as paixões inebriam e fazem com que as pessoas se esqueçam do mundo.

Não há ventos no horizonte que sejam prenúncio de tempestade, e para quem aprecia um mar de tranqüilidade... Você sente-se seguro e em equilíbrio. E, bem por isso, propostas milionárias devem ser analisadas com atenção. Lembre-se: nem tudo que reluz é ouro. Aproveite para relacionar-se com os colegas além dos limites da formalidade. Encontros e reuniões sociais serão proveitosos.

O apego a antigos hábitos pode torná-lo uma pessoa metódica e até irascível, em certas situações. Questões de ordem financeira não deverão lhe trazer maiores problemas. Por isso, relaxe e não se preocupe em correr alguns riscos, pois certa dose de ousadia pode trazer-lhe recompensas agradáveis. É hora de alterar o curso do rio de monotonia em que se transformou seu dia-a-dia.

6	1
1	6

Regência Alternada do Seis/Um

Você só enxerga facilidades em tudo que faz ou pensa em fazer. Enfim, você está com tudo e não está prosa. Não é à toa que vem conquistando uma legião de admiradores nesses últimos tempos. Afinal, você está no melhor da força física e intelectual. Mente sã em corpo são. Contudo, você não descansa sobre os louros da vitória. E continua atuando com persistência e toda cautela do mundo.

Para você, o medo é um mau conselheiro. Ultimamente, adepto do arrojo, não consegue refrear os impulsos. Sai em busca do que quer sem rodeios. Por ser tão seguro de si mesmo, joga o jogo do amor com energia. Sem o receio de ser rejeitado. Sem a preocupação de ser amado. Sem o temor de ferir-se no espinho da rosa. Afinal, dela você só quer o perfume.

O maior tesouro de que dispomos é o tempo. Gastá-lo com aventuras inúteis não parece ser uma atitude das mais inteligentes. De resto, os novos tempos prescrevem maiores cuidados para faunos e ninfas. Os tabus vêm sendo quebrados e a sexualidade toma rumos sem limites. Tudo pelo prazer? Ora, apenas em nome do erotismo não vale a pena arriscar-se em novas experiências sexuais.

Só há dois tipos de pessoas no mundo: as que nasceram para comandar o espetáculo e as que vivem para bater palmas. E você? Ora, você não é do tipo que se satisfaz em aplaudir. Gosta mesmo é de receber aplausos. Essa característica favorece suas chances de sucesso. Ainda mais agora, pois esta regência estimula a coragem e a disposição para o trabalho.

Provavelmente, você está disposto a deixar sua calma habitual para lutar pelo seu território com a ferocidade de um lobo. Basta sentir-se um pouco mais ameaçado em seus domínios. Mas... não exagere na dose. É possível que você esteja enxergando inimigos onde eles não existem. E, assim, acabará cruzando armas com as pás de moinhos de vento, falsos e inofensivos gigantes.

1	2
6	5

Regência Mista do Um/Dois

Independente, vem criando e buscando alternativas, mas sem descuidar dos seus afazeres habituais. Aparentemente não se mostra muito preocupado com o que pensam e dizem de você. Entretanto, não é do seu estilo voltar as costas para bons conselhos, principalmente quando partem de pessoas mais íntimas. Olha a vida sob um prisma cor-de-rosa. Assim, é raro ser apanhado pelo pessimismo.

No amor, você sai à procura de parceiros que pensem da mesma maneira. Por força desta regência (especialmente em função do DOIS, no quadrante direito), é natural que você procure o aconchego do lar ou o calor dos braços de alguém muito especial. Mas a calmaria não deve durar muito tempo e logo, logo você estará de volta à agitação.

O amor é sempre uma caixinha de surpresas. Você não vem sabendo desenvolver seu magnetismo pessoal. Por que perder a jovialidade? Agindo de outra maneira, com certeza seria alvo de maiores atenções. Por isso... Bem, não relute em mudar. Assim, sua vida afetiva e profissional não passará por momentos ruins e não lhe trará surpresas desagradáveis.

No trabalho, procure não ceder aos primeiros impulsos. Entretanto, fique de olhos abertos (bem abertos!), pois os convites para novos empreendimentos surgirão com relativa freqüência. Os números da regência demonstram uma predisposição para trabalhos burocráticos. A sua retidão e sua força de vontade são elementos invejáveis.

A configuração desta regência demonstra que você está sujeito a uma onda de otimismo. Isso poderá levá-lo a ignorar seus próprios defeitos. Ocasionalmente, você será visto com desconfiança por aqueles que invejam seus ares de independência. A despeito de suas insofismáveis qualidades, você pode passar por um tipo arrogante. Isso afetará o seu círculo de amizades?

1	3
6	4

Regência Mista do Um/Três

Com uma repentina sensação de euforia, você parece não depender da opinião de terceiros para dar andamento à sua vida. Planos e idéias não lhe faltam. Paradoxalmente, a sua coragem se alimenta do medo de enfrentar novas situações. Freqüentemente toma decisões bruscas e imprevisíveis. Mas, depois, mergulha na depressão, esperando pelos resultados com ansiedade.

No terreno amoroso, reluta em entregar-se a emoções fortes. Chega a ensaiar o rompimento de um antigo caso para logo voltar atrás, arrependido. Entretanto, essa insegurança poderá ser vencida a partir do momento em que você resolver pôr um ponto final nas dúvidas. Daí por diante não será difícil acertar os rumos de sua vida. Faça valer seus sentimentos.

Sentimentos contraditórios podem tornar-se a tônica desta regência. Não é segredo para ninguém que você vive envolto em dúvidas. Isso é bom apenas para criar barreiras intransponíveis entre você e alguém muito próximo. Coloque um freio na ansiedade, pois emoções fortes não são nada boas para o coração.

Quem gostaria de viver ao lado de um vulcão prestes a entrar em erupção?

Por vezes, seu entusiasmo esbarra na dúvida sobre qual direção tomar. Mas a força desta regência deverá empurrá-lo para o melhor caminho. Lembre-se, para que a sua capacidade de liderança não seja questionada, é necessário que você demonstre autoconfiança. Ela será importante na hora de romper velhas barreiras e conquistar novos horizontes.

A dedicação no trabalho pode fazer de você um supercandidato aos postos mais elevados da empresa. As propostas podem tornar-se tentadoras. Entretanto, nem sempre é possível encontrar o pote de ouro no final do arco-íris. A volúpia em alcançar o sucesso torna-se, por vezes, uma pedra no meio do caminho. Cuidado com obstáculos intransponíveis.

1	4
6	3

Regência Mista do Um/Quatro

Você reflete mais do que o necessário. Isso pode ser embaraçoso para quem quer ser conhecido pelo dinamismo e audácia. Entrementes, você está pronto para tomar as decisões mais difíceis. Sua virtude está em conhecer perfeitamente os próprios limites. Assim, muitos dos seus sonhos transformam-se rapidamente em realidade e aumentam ainda mais sua autoconfiança.

Esta regência faz do homem um Dom Juan e da mulher uma sedutora. Prognóstico, sempre, de loucas aventuras. As circunstâncias podem arrastá-lo em direção a uma relação a dois, mais madura. Com isso, os seus sentimentos podem entrar em conflito. Fuja das dúvidas e escolha o melhor caminho depois de refletir com tranqüilidade sobre os rumos de sua vida.

Você vem encontrando certa dificuldade para lidar com os problemas afetivos. Seria conveniente diversificar seu comportamento, de modo a resolver os problemas com o ser amado. Procure ser moderado, para não assumir posturas radicais. Elas podem tornar-se prejudiciais para você mesmo. Não será surpresa, neste compasso, que venha a sofrer uma grande decepção.

Siga em frente para pôr em prática suas idéias. Mas não se queira tornar, simplesmente, um incendiário, deixando de lado velhos conceitos que ainda podem ser aproveitados. Consultar os amigos servirá para mostrar o quanto você os respeita. Essa medida permite que você se torne extremamente popular. Mas não se deixe seduzir pela sensação de poder, tampouco por tapinhas nas costas.

Ser o centro das atenções não faz de você, necessariamente, um modelo a ser seguido. Conheça os seus limites antes de se aventurar a resolver questões que não lhe dizem respeito. Seu sucesso repentino só se consolidará com o tempo. Portanto, procure conduzir seus afazeres com objetividade, para ser reconhecido. Lembre-se dos velhos tempos. Sempre se pode tirar uma boa lição do passado.

1	5
6	2

Regência Mista do Um/Cinco

Por ora está à mostra o que há de mais autêntico em sua personalidade: coragem e perseverança. De outro lado, é inquestionável a sua necessidade de afeto, de carinho, de abrigo emocional. O pentagrama e a pirâmide que estão associados ao CINCO são figuras esotéricas de alta vibração. Esta é a melhor regência para quem quer aperfeiçoar o intelecto.

Você se sente pleno de vigor, com os instintos aguçados e o desejo à flor da pele. O amor é visto como uma batalha a ser travada, e para vencê-la você não mede esforços. Toda essa disposição deve reverter em grandes conquistas amorosas. Não importa que a paixão, o sexo e o erotismo criem apenas situações fugazes. Afinal, seu interesse não está orientado para envolvimentos mais sérios.

Não tenha pudor em se expor com mais freqüência. Não é hora de manter a privacidade. Mesmo porque há sinais claros de que muita coisa boa está para acontecer no convívio social. Encare, ainda, a possibilidade de receber a visita de alguém que significou muito para você no passado. Coisas do destino. Mas esse reencontro, em especial, não será necessariamente feliz.

Sua disposição para colocar em ordem seus objetivos é digna de aplausos. Você está na iminência de ir ao encontro dos seus sonhos. Entretanto, objetividade em excesso dedicação ao extremo nem sempre são recompensadas. Não espere o reconhecimento de seu valor atrás de uma mesa. Mostre quem você é e quais são os seus talentos. Entusiasmo para tanto não lhe falta.

Você reluta em aprimorar seus conhecimentos. Dessa forma, deixa de lado certas metas que poderiam clevar a sua capacidade profissional. O momento aconselha muita prudência e atenção para manter a situação em que você se encontra. Neste período você não será visto com muita simpatia. Daí a se tornar impopular é um passo e, certamente, esta fama não lhe será nada útil.

Regência Mista do Dois/Um

Sob esta regência não tenha medo de enfrentar situações de risco (embora com certa cautela). É hora de você buscar o bem-estar físico e emocional. Até mesmo certos problemas antigos passam a ser encarados de maneira bem-humorada. O período é bom para reflexão, e as circunstâncias são propícias para elevar ainda mais a sua paz de espírito. Aguarde por novidades.

O amor está sendo responsável por suas maiores alegrias. Não poderia ser de outra forma. Afinal, você anda muito bem resolvido em relação aos mistérios do coração. Sua marca registrada nesse período: senso de companheirismo e bom humor. Suas frases espirituosas fazem de você uma criatura adorável. O momento é ideal para aliviar antigas tensões.

Não apele para a velha brincadeira do bem-me-quer e mal-me-quer para descobrir se está sendo amado, pois o máximo que você conseguirá será uma margarida despetalada. A resposta para a dúvida está bem diante do seu nariz. E você sabe disso. Aprenda a ser mais tolerante e, sobretudo, mais amável para não correr o risco de encarar uma perda.

Nada indica uma reviravolta na sua situação profissional. Por isso, se você está atrás de mudanças, mãos à obra. Não espere que elas aconteçam a sua revelia. por outro lado, sua situação financeira tende a estabilizar-se. E você terá o fôlego necessário para lutar pelo que quer, sem afobação. Mas, não descuide do aprimoramento intelectual, reciclando seus conhecimentos.

Os obstáculos aparentam ser intransponíveis. E, assim, vez ou outra, você se sente esmorecer. E nessa hora não há nada que possa levantar o moral e trazê-lo de volta à sua paz de espírito. Ora: não se esconda à sombra da árvore. Procure pelo sol. Mostre a sua cara. Afinal, o que você tem a perder? Não permita que o desânimo se instale dentro de você, pois não há motivos reais para isso.

2	3
5	4

Regência Mista do Dois/Três

Faz-se urgente superar um certo complexo de rejeição e driblar os sentimentos negativos, frutos da ansiedade. Seu desafio será vencer o fantasma da solidão e a sensação de desamparo. Diga não ao sofrimento: coloque as idéias em ordem e estabeleça uma meta para o coração. A felicidade está bem diante do seu nariz. Na verdade, ela nunca esteve tão próxima.

Cupido está apontando as setas em sua direção. E se você está pronto para o amor, convém se entregar à emoção e aproveitar a oportunidade para viver, de corpo e alma, um romance maravilhoso. Se o seu coração for entregue à pessoa certa, não há o que temer. Relaxe, mas sem descuidar de outros interesses. Ninguém vive só de brisa. Ou de paixão.

O amor nem sempre é bem-vindo em certas ocasiões, pois ele tem o hábito de alterar a rotina de vida. Estude as conveniências de se envolver seriamente, com cautela. Mas evite magoar quem acredita em você. Saiba dizer não de maneira a não ferir os sentimentos alheios, para não angariar rancores. Mesmo porque você poderá arrepender-se no minuto seguinte.

Aptidões inesperadas começam a florescer. Você não deve desprezá-las. Elas poderão conduzi-lo à ascensão profissional ou assessorá-lo nos negócios. As oportunidades parecem estar surgindo de todos os lados. Dê a devida atenção a elas. O resultado poderá ser o tão esperado sucesso financeiro, que você persegue a todo custo. Não vire as costas para a sorte, nem para o destino.

Quem não arrisca não petisca, mas você pode estar tão apegado às velhas idéias que será tomado por dúvidas atrozes. O seu senso de responsabilidade poderá levá-lo a retardar suas ações. Tomar decisões nem sempre é uma tarefa fácil, mas não tenha medo de colocar em jogo o que você já conquistou, sob pena de se tornar uma pessoa insegura.

2	4
5	3

Regência Mista do Dois/Quatro

A combinação dessa regência acena com bons fluidos. Hábitos moldados na infância tendem a repetir-se nos dias de hoje. Tais comportamentos devem ser disciplinados de maneira a não se tornarem manias. Procure ampliar seu rol de amigos, escolhendo-os a dedo entre as pessoas mais experientes. Deixe de lado sua vocação para a rotina adicionando à sua vida uma pitada de aventura.

Talvez você venha a ser vítima de um assédio tenaz por parte de alguém muito especial. Tanto melhor. Isso evitará que você despenda esforços. Mas não se entregue tão facilmente às forças de uma paixão violenta. Nessa hora, nada melhor do que o velho chavão: "cautela e caldo de galinha não fazem mal a ninguém". Saiba, pois, lidar com o amor na medida certa.

Paixões tumultuadas podem criar relacionamentos tumultuados. Caberá a você atirar-se (ou não) no turbilhão de emoções. Antes de fazê-lo, questione-se, pois é bom refletir antes de tomar qualquer decisão. A sua postura inicial diante de um envolvimento (especialmente os mais tórridos) pode ditar o rumo dos acontecimentos. O ideal é saber disciplinar sentimentos mais fortes.

Bom momento para você se aplicar ainda mais na atual ocupação e esperar por surpresas em pouco tempo. Economize suas energias, pois precisará delas. Mas não se esqueça: a felicidade nem sempre anda ao lado do sucesso material. Conheça melhor os seus amigos e seja mais tolerante e compreensivo. A sua ascensão pode expô-lo amplamente a críticas.

É quase certo que a trilha do sucesso seja suave. Mas... Procure agir com lealdade, dentro do mais elevado espírito de competição. Afinal, que vença o melhor! Mas não fuja da batalha, ainda que (entre mortos e feridos) os resultados possam gerar rancores, pois você vem se dedicando aos seus afazeres com afinco e bem merece colher os frutos pelo seu trabalho.

$$\frac{2\ |\ 6}{5\ |\ 1}$$

Regência Mista do Dois/Seis

Normalmente, os seus impulsos serão refreados com um pouco de disciplina. Quando isso não acontece, criam-se situações inusitadas. Isso poderá acarretar desarmonia no trabalho e no ambiente doméstico. Cuidado com atitudes passionais. Defenda suas posições sem deixar-se irritar. Cuide para que eventuais crises emocionais não desgastem sua imagem.

Possivelmente, você ficará feliz em conviver mais de perto com a pessoa amada. Esse relacionamento, por ora, deverá ser harmonioso. Você está alegre, generoso e jovial. Inspira confiança e tranqüilidade, contagiando aqueles que o rodeiam. Aproveite a situação para aumentar ou recobrar prestígio. As raras cenas de ciúme não chegarão a provocar nenhuma rusga.

Não subestime a força de uma paixão. Sem rédeas, ela poderá levá-lo de roldão. E, aí... mesmo o potro mais chucro deve ser domado no devido tempo. Pois, então, mãos à obra. Não queira assumir o papel de proprietário da vida alheia. Use com naturalidade seu magnetismo pessoal e explore ao máximo a vitalidade sexual. É o melhor que você pode dar de si nesse instante.

Não tenha medo de errar, porque a hora é propícia a novos experimentos. Os assuntos financeiros vêm sendo superestimados. É preciso aprender a controlar suas despesas. E, assim, você evitará maiores problemas financeiros. Considere apenas as melhores opções, não se aventurando em empreendimentos de risco. Você é capaz de grandes reviravoltas em situações difíceis.

Um ou outro equívoco é tido como normal em qualquer atividade profissional. Se os seus tropeções estão minando sua confiança, é porque você está deixando de acreditar na sua intuição e na sua capacidade de trabalho. É importante recorrer às opiniões de pessoas mais experientes. A falta de confiança diante de situação conflitante acaba por levar ao pânico.

3	1
4	6

Regência Mista do Três/Um

    Aquele que se encontra sob a influência desta regência tem necessidade de procurar desafios em demasia. Mas, às vezes, o efeito é inverso. E você poderá acovardar-se e fugir dos problemas. Modere-se. Você pode não estar na lista dos dez mais, mas nem por isso se encontra no fim da fila. Que tal reprimir a impaciência? Tudo acontecerá no momento certo.
    Você resolveu ser mais comunicativo? Ótimo. Agora saberá expressar-se com mais habilidade. E já que dispõe de atributos para o jogo do amor, coloque-os em prática. Mas o melhor está no seu senso de oportunismo e na maneira como soluciona questões sentimentais. Sua personalidade é uma arma de sedução, mas é bem possível que o sedutor termine sendo seduzido.
    Para conviver bem com a outra metade, evite deixá-la à margem das decisões mais importantes. Esse seu dinamismo pode gerar insegurança para quem não está preparado para entendê-lo. A vida a dois exige inteligência e sensibilidade. Até então você tem-se comportado como um autêntico egoísta. Não lamente se a pessoa amada estiver falando poucas e boas a seu respeito.

O mundo moderno exige constante atualização. E você, por seu desempenho, tem uma boa chance de êxito profissional e social. Conte com a ajuda de companheiros quando necessário. As expectativas são de ascensão, graças à sua honradez, dignidade e caráter. Aproveite as vantagens e siga por novos caminhos. Perspicácia e talento para tanto não lhe faltam.

Chegou a hora de tomar rumo na vida. Analise as oportunidades para não as perder de vista. E, sobretudo, administre seus recursos financeiros de forma mais conveniente, pois, assim, evitará novos percalços. Sem a devida concentração, a execução de qualquer tarefa será penosa. Zele pela preservação da sua paz de espírito e não tome decisões impensadas.

3	2
4	5

Regência Mista do Três/Dois

Liberdade é a sua meta. Entretanto, não se pode alcançá-la sem muita luta. Você se encontra sob a influência de sentimentos contraditórios. De qualquer maneira, encontra-se estimulado, atrás de novos conhecimentos. É bom pensar no que você diz, antes de abrir a boca. Não abuse do seu talento ou poderá cair na lábia daqueles que o bajulam.

Sua inusitada vocação para excentricidades garante a dose necessária para romper com a monotonia. Situações agitadas são estimulantes e fazem o seu sangue correr nas veias. Todavia, controle os excessos. Compartilhe sua energia com os entes queridos, pois você a tem de sobra. Some suas forças com as pessoas mais próximas e dê a sua vida uma nova dimensão.

De olho no futuro, você está distraído em virtude do excesso de euforia. Resista às tentações e não se dobre diante de influências negativas. Uma andorinha só não faz verão, e o ser amado nem sempre se lançará em vôos mais altos em sua companhia. Modere suas atitudes e impeça rompimentos prematuros. Espane o pó do velho álbum de fotografias e valorize os bons momentos do passado.

Ambicioso, enérgico e voluntarioso, você sabe muito bem como ganhar dinheiro e pertence ao time daqueles que não esperam que ele caia do céu. Em momento algum fica alheio às novidades do mercado. Mantém-se rigorosamente atualizado e bem-informado a respeito de qualquer assunto. Inegavelmente, está no topo dos acontecimentos e disposto a concretizar projetos revolucionários.

Cercado pela auto-estima e pelo excesso de confiança, você, freqüentemente, é tentado a esvaziar os bolsos com a mesma velocidade que os enche. Controle esses impulsos consumistas tão a gosto da sociedade moderna. Imponha-se limites. De resto, reserve certa cautela para negócios mais ousados. A sorte lhe sorri com constância, mas nem por isso é de bom alvitre correr riscos desnecessários.

$$\begin{array}{c|c} 3 & 5 \\ \hline 4 & 2 \end{array}$$

Regência Mista do Três/Cinco

Seu grande trunfo é uma memória prodigiosa e uma invejável imaginação. Com esses dotes, transformar sonhos em realidade torna-se relativamente fácil. Você se preocupa com as pessoas mais próximas. A família ocupa um lugar de importância em seus pensamentos. Você possui rara capacidade para estabelecer metas e uma aguçada sensibilidade para idealizações.

Uma aventura passageira pode tornar-se uma agradável realidade. Mas os amores mais intensos dificilmente terão lugar em seu coração, enquanto durar o período dessa regência. Faça uso de sua habilidades manuais, que podem ser úteis, tanto no trabalho quanto no amor. A estabilidade emocional pode ser alcançada pelo bom senso. Você pode até formalizar um compromisso mais profundo.

Nem sempre você está consciente de sua nobreza. Mudanças de caráter são possíveis de ocorrer inesperadamente. Então, poderá tornar-se passional e ciumento com a mesma facilidade com que encena dramas afetivos. Tudo em seu comportamento atual denota extremismo, e no amor as coisas não seriam diferentes. Aprenda a controlar as emoções, tirando proveito da convivência a dois.

    Você vem acumulando um bom estoque de energia nesses últimos tempos. Tem um ânimo excepcional para o trabalho e está sempre em atividade. Assuntos ligados à computação despertam-lhe interesse especial. E não é de hoje que vem atuando com estratégia e bom senso em suas relações profissionais. Encare seus compromissos com seriedade, inspirando confiança.

    Na ânsia de resolver pequenos problemas, por vezes, você acaba deixando de lado as questões mais relevantes. Isso poderá influir negativamente no seu desempenho. Agir com precipitação e impulsividade denota falta de profissionalismo. Procure atuar com mais calma e atenção. Uma viagem de lazer pode reorganizar seus pensamentos.

3	6
4	1

Regência Mista do Três/Seis

Sinta o vento de novos tempos e procure não adotar um comportamento volúvel. Portanto, não mude tão depressa de opinião, pois a inconstância só lhe trará dissabores e, com certeza, acabará atrapalhando. Saiba organizar melhor o seu tempo e distribuir sorriso. Aposte na sua energia física e lembre-se de não desperdiçar as oportunidades por falta de discernimento e iniciativa.

Você exerce um fascínio natural sobre as pessoas. No amor, vem mostrando seu poder de sedução, sempre recorrendo a numerosos truques para quebrar a monotonia. Não há a menor dúvida de que a sua enegia vital está em alta. Vale tudo para impressionar o ser amado e você poderá se ver entre uma relação antiga e um novo (novíssimo) amor.

Você age de forma apaixonada no que diz respeito a questões do coração e não parece ter muita força para resistir a determinadas tentações. Vez ou outra seus romances naufragam em meio a tempestades provocadas pelo seu temperamento.

Quando repudiado em suas pretensões, sente-se injuriado e a partir daí pode se converter num amante rancoroso. Nem por isso menos sedutor.

Gosta de sobressair-se e, ultimamente, vem admitindo que nasceu para vencer. Ostenta um ar de autoridade que aparenta ser genuíno. Sente-se cheio de vigor, invencível, infalível. Acredita no destino que lhe está a reservar um futuro promissor. Não se preocupa com os seus ganhos atuais. Sabe que chegará mais longe e que a merecida recompensa virá mais cedo ou mais tarde.

Suscetível, você vem-se incomodando em demasia com as críticas que tem recebido ultimamente. Procure ser mais objetivo e direto nas suas intenções. Assimile as críticas com naturalidade e franqueza. Faça uma auto-análise e, se entender que não as merece, não hesite em clamar por justiça. A harmonia poderá voltar a reinar depois de uma autocrítica sincera.

4	1
3	6

Regência Mista do Quatro/Um

Pessoas de destaque poderão reconhecer o seu talento. A sua inteligência está afiada, e, assim, aumentam as chances de sucesso, com inúmeras oportunidades de se relacionar com as pessoas positivas. Eventuais vibrações negativas devem ser combatidas com vigor. O período será fértil para você dedicar-se à execução de planos que exijam, sobretudo, sensibilidade.

O cenário doméstico pode ser o palco para você protagonizar uma verdadeira história de amor. Mas não se surpreenda se terminar em uma praia ensolarada e escondida dos turistas para viver um romance insólito. O importante é que você se encontra no momento certo para tornar-se mais uma vítima de uma atração fatal, pois se encontra no limite de suas emoções.

Projetos pessoais podem sofrer sérios abalos. Enigmas da alma exercem um fascínio muito grande sobre você. Não se envolva agora em emoções passageiras. Entre um caminho e outro você pode acabar numa encruzilhada. Não sublime a paixão que pode acabar, então, num mar de ciúme e intrigas. E, assim, sua vida afetiva corre o risco de passar por ligeiros tremores, embora sem gravidade.

Existem atalhos que podem abreviar o caminho para o sucesso, e perspicácia para encontrá-los não lhe falta. Deixe-se levar pelas tentações, pois são elas que fazem o mundo girar. E não aproveitar as oportunidades é um pecado. O período é ótimo para quem gosta de pequenas aventuras em suas atividades e ótimo, também, para realizar, em conseqüência, suas ambições pessoais.

Prepare-se: você pode confiar nas suas habilidades sem temor, deixando as coisas fluírem normalmente. O ideal seria que você organizasse seu tempo. Não conte apenas com a sua capacidade de improvisação. Você deve ter notado que as suas falhas só acontecem pelo seu descaso com as regras. Não perca a chance de estabelecer novos métodos.

4	2
3	5

Regência Mista do Quatro/Dois

Você se sente tímido e sensível, e a todo instante parece se chocar com o comportamento dos outros. Tende a prolongar suas experiências para ter a certeza que está no caminho certo. Controle suas ambições e dirija suas buscas para o amor, pois as realizações materiais virão com o tempo. Seja mais amável e solícito para encontrar a felicidade, ainda que seja para desfrutá-la em uma choupana.

O amor não tem hora para chegar nem para dizer adeus. Mas não tenha medo de amar. E, principalmente, não sofra por antecipação. Demonstre o talento para mostrar seus encantos sem afetação. Com simplicidade. E quem sabe o peixe não largará o anzol tão cedo. O momento é propício para mudanças profundas em todos os setores da sua vida.

Você está atravessando uma fase de pura nostalgia. E acaba se apaixonando por tudo que diga respeito ao passado. Romântico, a seu modo, gostaria de esquecer o mundo moderno, que o deixa um tanto deprimido e deslocado. Por vezes gostaria de expor suas opiniões a respeito, mas se contém, pois quer certificar-se de que será ouvido com atenção. Está longe de ser um pragmático.

Procure lugares com uma decoração simpática, iluminados e confortáveis para fazer reuniões e relacionar-se com os amigos. Saia dos antigos domínios para mostrar a sua cara, suas idéias. Um novo ambiente fará bem para o seu corpo e sua alma. Não tenha receio de expor-se numa nova roupa, com um novo sorriso. Descubra as pessoas que aplaudam o seu gosto pelas mudanças.

Não troque farpas com seus adversários antes de tentar fazer deles seus aliados, o que não quer dizer que os deva temer. Enfrente-os, se necessário, com lealdade e perseverança. Experiência e segurança profissionais serão a sua arma. Com certeza a sua audácia será premiada, mas assuma o risco de ficar entre os feridos, numa batalha. Pois nem sempre se vence.

```
4 | 5
-----
3 | 2
```

Regência Mista do Quatro/Cinco

Seu equilíbrio emocional nunca esteve tão bem. Você se sente um verdadeiro sábio. Compreende com facilidade a vantagem de agir com moderação e prudência. Não teme o inesperado, mas estuda cada passo que quer dar. Ótimo! É o necessário para seguir adiante. Encara o amor com ceticismo, filosoficamente. Mesmo porque, no momento, sua atenção está mais dirigida para empreendimentos materiais.

Rompa com a rotina, a tranqüilidade, e exija um pouco dos seus nervos. Arrisque-se no amor, ainda que não se sinta tão cheio de *glamour*. Não saia, pois, de cena esperando que a platéia o aplauda por isso. Afinal, o que você tem a perder? Teoria e prática podem ser um canhão para acertar uma reles mosca. Confie em sua intuição e entregue-se ao mais nobre dos sentimentos.

Você está apto a apaixonar-se novamente e a entregar-se a emoções mais profundas. A vocação para o amor ressurge e faz com que você passe a olhar o mundo com mais benevolência. O ideal seria uma relação que oferecesse maior segurança, pois, de outra forma, o amor pode redundar em estados de depressão, principalmente se você render-se ao ciúme e à insegurança.

Dinheiro no bolso e poucas idéias na cabeça não são sinônimo de felicidade. Com efeito: o momento reclama mais do que o sucesso material. A nave planetária chamada Terra acaba de ingressar no terceiro milênio, e você é um de seus tripulantes. Exija mais de si mesmo: participe mais de atividades comunitárias. Dê uma contribuição para o mundo.

Uma atividade que ofereça regularmente conforto e segurança pode tornar-se enfadonha e transformar-se em fonte de inquietação. Os tempos modernos não admitem que ninguém se esconda atrás das trincheiras, esperando (sem dar um tiro) que a guerra acabe. Vamos à luta? No instante em que você colocar a cara para bater, as pressões tendem a diminuir. Que tal novos desafios?

4	6
3	1

Regência Mista do Quatro/Seis

Você guarda, com excessivo zelo, alguns segredos que gostaria de revelar às pessoas mais íntimas. Mas reluta em romper promessas e compromissos. O caráter, sem a menor dúvida, é sua maior virtude. Tanto melhor (ou pior) para você: sob esta regência, você carrega a sina de ser para os amigos e parentes um muro de lamentações. Em compensação, você terá preciosos aliados.

Não há dia em que você não pense em sua vida sentimental. Mexa-se (a fórmula é muito simples): escreva cartas, telefone, mande recados. Use a mesma tática do pavão e mostre a cauda. Estabeleça, assim, uma linha direta com a pessoa amada. Afinal, tamanha insistência deverá ser devidamente reconhecida. Então, aproveite para ser feliz. Sem pudor nenhum.

Você reluta em se deixar seduzir. Discreto, sabe dizer não, sem ferir sentimentos. Raramente demonstra suas intenções e só se expressa nas entrelinhas. Poucas pessoas partilham seus segredos e sua intimidade. Não é difícil descrevê-lo como um solitário. Entretanto, essa imagem não lhe faz justiça. Simplesmente, você vem encontrando dificuldade para se comunicar satisfatoriamente.

O sucesso tem cores, formas e tamanhos diferentes. Você pode investir em tudo que planejou porque sabe decidir com rapidez. Eventuais resultados negativos transformam-se em catapultas para novos empreendimentos. Você também sabe como se comportar nos negócios e tirar proveito das intempéries. A cada segundo seus sentidos tornam-se mais afiados. Confie nos seus poderes.

Se a sorte e a fortuna passarem diante do seu nariz, não hesite em agarrá-las. Claro! Existe a possibilidade de chamuscar as mãos. Mas os fracassos fazem parte do aprendizado. Você não deve satisfação a ninguém, a não ser a você mesmo (até quando você se sujeitará à vontade alheia?). Definitivamente, você quer se libertar e seguir seu caminho. Assuma, pois, as responsabilidades.

5	1
2	6

Regência Mista do Cinco/Um

A fase é propícia para quem tem senso de justiça. Por isso, você se sairá bem como mediador, intercedendo, principalmente, para solucionar pendengas familiares. Mesmo nas relações sociais as suas propostas de conciliação serão bem aceitas e evitarão atritos desnecessários. Serão raras as vezes em que você entrará em choque com alguém para firmar posições.

Seus sonhos dourados estão na iminência de se tornar palpáveis. Agradeça a sua aguda percepção e senso de nobreza. Essas qualidades colaboram para que a felicidade bata a sua porta. Seu bom humor está em alta, e a sua voz vem soando de maneira mais agradável aos ouvidos da pessoa amada. Aproveite a maré de sorte para evitar jogos de azar (ou de acaso!). Pois... Feliz no amor...

O lado mais indócil do seu temperamento pode tornar-se pivô de pequenas rusgas, ainda mais se o ente querido for do tipo autoritário. Misticismo e independência psicológica são características naturais sob esta regência. Contudo, não divida suas crenças com quem não acredita nelas. Não se dê ares de muita importância e, sobretudo, não deixe de valorizar o diálogo franco.

Mais importante do que subir na vida é conservar-se no alto. Bom estrategista, você está pronto para conseguir sua independência financeira. Eventuais discórdias no ambiente de trabalho serão contornadas com criatividade. Abençoado pelo sucesso, você consegue enxergar as coisas como um otimista. Sua saúde, por outro lado, favorece todo esse dinamismo.

A vaidade pode remodelar seu caráter... Mas, para pior. Convém cozinhá-la em fogo brando, no mesmo caldeirão reservado à humildade. Vitórias sucessivas podem transformar um campeão em um tolo descuidado, vulnerável aos ataques mais bisonhos. Por isso, atenção para suas menores prioridades. Lembre-se do adágio: de grão em grão, a galinha enche o papo.

5	3
2	4

Regência Mista do Cinco/Três

Medidas tomadas sem a devida reflexão podem prejudicar seu relacionamento, sobretudo no âmbito familiar. As dificuldades provavelmente serão contornáveis. Mas à custa de um pouco de aborrecimento. Prepare-se para manter boas relações com seus amigos, dando-lhes mais atenção. Antigos desafetos podem procurá-lo para uma reconciliação sincera, num clima de cordialidade.

Solte as velas e deixe o barco ir correnteza afora. Viva o momento com intensidade. Com a moderação que lhe é peculiar, não faça grandes planos em um primeiro encontro. Tampouco demore-se demais em declarar seus sentimentos. A precipitação pode entornar o caldo, e a hesitação o deixa esfriar. Opte por cores neutras ao vestir-se. Um visual discreto estará mais de acordo.

Tropeços anteriores ficaram indelevelmente marcados na sua memória e ainda causam mal-estar. Mas é chegado o momento de colocar os pingos nos *is*. Você está próximo a um redemoinho de emoções e pode ser engolido por ele. Hoje você é a mistura de todos esses traços: rebeldia, inconstância, impaciência. Essas forças mal disciplinadas podem manter o clima de ansiedade.

O sentido do tato está em evidência. A sorte acena para quem é músico (principalmente os que se dedicam aos instrumentos de corda) ou atua em áreas nas quais a mão desempenha papel fundamental: artesanato, desenho, atividades mecânicas. Assim, sua capacidade de se comunicar aumenta substancialmente. Bem por isso, deverá controlar o poder de manipular as pessoas.

Em um mercado cada vez mais sofisticado e competitivo, é árdua a tarefa de quem quer chegar ao topo. A melhor de todas as armas é a paciência, pois, em geral, nada acontece do dia para a noite. Talvez você não disponha da calma necessária para aguardar os resultados. Tanto pior. A sua imagem de um líder sereno e sua propalada habilidade poderão ser colocadas em xeque.

5	4
2	3

Regência Mista do Cinco/Quatro

Definitivamente, você está mais para anjo do que para demônio. Suas maneiras elegantes são muito bem recebidas em qualquer ocasião. Leve a sua simpatia para o trabalho e para o seu círculo de amizades. Todos os seus sorrisos valem pontos. Ainda que uns e outros (por despeito, certamente) coloquem você na galeria dos demagogos. Lembre-se apenas de retribuir os elogios.

Você está tomado pelo desejo de revelar seus sentimentos. Estilo não lhe falta, tampouco originalidade. E, assim, você brinda o ser amado com um bombom ou com uma carta de amor. A vontade de presentear surge de maneira impulsiva, incontrolável. E a escolha recai sobre objetos naturais: madeira, argila, cerâmica e outros que falem a linguagem da natureza.

Os sentimentos brotam do seu íntimo como água corrente. Não há nada mais importante no Universo do que o seu amor. Mas, antes de entregar-se aos sentidos, use um pouco de discernimento. O mundo não pára de se transformar. Por acaso, sua cara-metade não estaria mais interessada em problemas terrenos? Você pode investir no coração, mas, sem esquecer-se das coisas materiais.

Você vem se saindo muito bem em seus afazeres. Não acredita em mapas do tesouro e modera as emoções. Assume a responsabilidade de manter a saúde e a boa forma física. Gosta de se autodisciplinar e tem planos para largar antigos vícios. Tudo isso faz de você um profissional altamente capacitado para enfrentar e solucionar problemas. Suas virtudes não passam despercebidas.

Prepare-se para viver o terceiro milênio com algo mais do que simples talento pessoal. Virar as costas para o velho e empoeirado baú de idéias pode ser ótimo. Seu conhecimento profissional merece ser reciclado. Há outras realidades no mercado que você desconhece. E, ainda que os tempos modernos não o agradem, reformule a sua linguagem... E o seu currículo.

5	6
2	1

Regência Mista do Cinco/Seis

Você anda superando as pressões. Como profissional está longe de revolucionar conceitos e nem mesmo dispõe de uma fórmula simples para alcançar o sucesso. Características ativas: fleugma e humor britânicos. Nem tudo ao céu nem tudo à terra. Você mesmo se acha um tipo comum. Gosta do conforto de uma boa poltrona e aprecia um bom vinho. Adora amizades francas e sadias.

Você já está bem crescidinho para acreditar em Papai Noel. Mas é um romântico incurável atrás do amor. Dispensa terapias e analistas, pois está sempre bem resolvido com você mesmo. E, nas raras (raríssimas) ocasiões em que se encontra deprimido, recorre ao amor. Sempre o amor! Nesse cenário idílico, cores, sons e aromas se misturam, numa festa dos sentidos.

Você está nas nuvens! Um incorrigível sonhador! Por conta de seus devaneios, aguarde algumas surpresas. Afinal, o paraíso não está neste livro. Você não é amigo do rei e não tem como ir embora para Pasárgada. Lembra-se da frase: o amor é uma flor roxa que nasce nos corações dos trouxas? Pois ela pode valer para aqueles que vivem noite e dia inebriados pelo amor.

Quem espera sempre alcança? Claro, você não acredita nessa história. Nem por isso deixe de esperar pacientemente a recompensa pelo seu desempenho. Você sabe dominar a ansiedade e aguardar a sua vez. Entretanto não admite quando percebe que foi preterido por alguém menos capacitado. Daí por diante você rompe com as regras e os compromissos assumidos.

Viver e aprender. Os resultados nem sempre são os esperados, apesar de seus esforços. E o mundo gira sem depender de suas opiniões! Mas você se aborrece por não poder mudar o mundo. Por enquanto, preocupe-se mais com os espaços que ocupa e administre os resultados adversos. Um dia você terá o prazer de mostrar suas idéias e colocá-las em prática.

6	2
1	5

Regência Mista do Seis/Dois

Um simples elogio, com certeza, não o convencerá a mudar de posição ou trocar de opinião. Você demonstra ser leal às suas convicções, em qualquer circunstância. Está aprendendo a se valorizar e a cuidar bem das pessoas a quem quer bem. Com domínio absoluto, em questões de planejamento torna-se bem-visto por seus amigos, pois, na linha de frente, sabe mostrar os caminhos e abrir as portas.

No momento, não pensa em tirar proveito do amor sem oferecer algo em troca. Uma vez escolhido o caminho, não tem por que retroceder. Você assume posições sem a intenção de magoar as pessoas mais próximas. No entanto, assume (também) o risco de que isso possa acontecer. E, com toda a franqueza deste mundo, gosta de ir direto ao assunto, num vôo sem escalas.

Dizem que o tempo é um santo remédio. Graças a ele as lembranças são varridas de nossa memória. Mas, você, ultimamente, parece disposto a desenterrar o passado, reavivando fatos dolorosos. Ora: as pessoas que o rodeiam talvez não estejam dispostas a se tornar cúmplices da sua melancolia. Por isso, meu amigo... de volta para o presente, com um olho no futuro.

Você (quando quer) sabe estabelecer alianças e costurar acordos com a astúcia de um parlamentar. De olho nas oportunidades, não deixará escapar o menor ensejo para mostrar força e determinação. Familiarizado com os rumos da tecnologia, não desdenha a ciência, embora preserve o seu lado místico. Em matéria de marketing e autoprojeção é um grande professor.

Quem se acha um astro sempre cai em depressão quando a intensidade dos aplausos diminui. Nessa hora, sua reação será digna de uma ostra: fecha-se em copas e desdenha as críticas (sem distinção). Daí por diante, aumentam as dificuldades de relacionamento. Sua paciência diminui. Mesmo uma viagem de férias pode tornar-se uma atividade enfadonha.

6	3
1	4

Regência Mista do Seis/Três

A preocupação constante em oferecer mais do que é possível acaba causando cicatrizes. Além de idéias, desenvolva métodos para executá-las. Ouvir sistematicamente outras opiniões pode ajudar. De qualquer modo, dê uma oportunidade para o destino. O futuro pode esperar. Por que não viver o presente, sem remorso, aproveitando o sol do verão e as flores da primavera?

Chamar a atenção da pessoa amada pode ser mais fácil do que se pensa. Um poema de amor (escrevinhado na mesa de um bar, de improviso) pode causar efeito maior do que uma jóia cara. As coisas não valem pelo que custam, mas pelo que significam. Não esqueça de certas datas: o primeiro encontro, o primeiro sorriso, o primeiro beijo, o primeiro presente, a primeira vez...

Não espere pelo bilhete premiado. Tudo que você precisa é de um pouco de ação. Você se considera uma pessoa de visão, dotada de coragem necessária para a luta. Talvez por pensar e agir dessa forma, esteja sujeito a outro tropeção. Mas no frigir dos ovos, acaba ficando com a gema. E com um rendimento notável. De bom para ótimo. Em qualquer lugar, a qualquer hora!

Você está entrando em uma fase de ouro e nutre um interesse particular em conhecer pessoas espontâneas para trocar opiniões. Seus momentos de *stress* serão facilmente contornados com alguns exercícios de relaxamento. Você está maleável e com grande disposição para os negócios. Vem sendo muito solicitado social e profissionalmente, pois passa por um período de prestígio e influência.

Noventa por cento do seu tempo livre está dedicado ao trabalho. Tamanha disposição merece aplausos. E quanto às vaias? Não quer ouvi-las? Mergulhado em tantos compromissos profissionais, você mal tem tempo para respirar. Que tal dedicar algumas voltas dos ponteiros do relógio para refrescar a cabeça? Com certeza uma pausa poderá ser extremamente saudável.

6	4
1	3

Regência Mista do Seis/Quatro

Pragmático, você finalmente decidiu ampliar seu círculo de amizades. Não recusa convites para badalações, principalmente festas de última hora. Gosta de vestir-se bem e não poupa esforços para encontrar o que há de melhor. A natureza humana lhe interessa apenas como objeto de estudos psicológicos. Afinal, você quer abrir espaço, e nada melhor do que conhecer as fraquezas alheias.

Um tanto cético, suas ligações amorosas nunca vão além do prazer e do conhecimento superficial. Mas, a seu modo, relacionamentos dessa natureza bastam para atingir a felicidade. Contudo, não pense que você está imune de ser contagiado por emoções mais profundas. E se você for apanhado por elas, não se esforce para escapar. Aproveite para conhecer o outro lado da moeda.

Você vem se sentindo invulnerável... imune às emoções. E muito bem preparado para resolver seus conflitos... por mais delicados que possam ser. Em seus planos bem poderia estar um casamento por conveniência, desde que resultasse em algum tipo de proveito material. Amor? Não no momento. Cuidado: tanta objetividade pode transformá-lo em um personagem assustador.

Se você acredita que trabalho e prazer não se misturam, o momento não poderia ser melhor. Sua competência profissional passa tranqüilamente por provas de fogo, e seu potencial não deverá ser questionado. Seu desempenho tende a ser excelente. Qualidade e produtividade são suas ferramentas. E as falhas (se é que existem) passarão despercebidas, encobertas por seu brilho pessoal.

Talvez lhe agrade a imagem de profissional frio e ambicioso. Você pode ser inflexível, voluntarioso, enérgico, capaz. Suas mãos estão sempre limpas, sua mesa irrepreensivelmente arrumada. Como tudo em sua vida! Por que, então, algumas pessoas evitam a sua companhia? E teimam em não o aplaudir? Inveja? Ou há alguma coisa em você que não desperta maiores simpatias?

6	5
1	2

Regência Mista do Seis/Cinco

Esta é a melhor fase para quem quer viver intensamente as próprias emoções. Você pode planejar suas metas, estabelecer planos. Mas, de qualquer forma, não perderá a capacidade de improvisação. E, freqüentemente, firmará posições liberais, chegando a chocar as pessoas do seu meio. Entretanto, a configuração da regência realça o que há de mais forte e positivo em seu caráter.

Você não crê em formas mágicas para conjugar o verbo amar e não se preocupa com regras e convenções. Está sempre disposto a transformar um romancezinho barato em uma paixão devastadora. Qualquer experiência que potencialize as emoções e mexa com os sentidos é bem-vinda. E você não perde a oportunidade de fazer uso dela.

Eventualmente você estará sujeito a reações passionais e inesperadas. E, às vezes, seus impulsos o levarão por trilhas ainda desconhecidas e, talvez, perigosas! Seus mecanismos de defesa podem acabar bloqueados. Você poderá tornar-se uma presa fácil de paixões violentas. Então, será a vez de o caçador transformar-se em caça. É isso que você espera?

Você vem-se saindo bem em suas investidas profissionais. Seus pares admiram a facilidade com que você consegue superar os obstáculos. Na certa, não chega a ser perfeito. Mas vende (facilmente) a imagem de um profissional honesto, dedicado e extremamente habilidoso. Aberto ao diálogo, sim! Mas firme em suas opiniões. Quem poderia deixar de admirá-lo, então?

Lealdade é luxo em nossa sociedade capitalista. Por isso, para encontrar um lugar ao sol, você deve armar-se de todo cuidado para não ser atropelado por pessoas sem muitos escrúpulos. Concentre-se nos acontecimentos do cotidiano. Num mundo que não pára de girar, as coisas mudam constantemente de posição. Mantenha-se atento e preparado para atuar em condições adversas.

Quadro Geral das Regências

1	1	1	2	1	3	1	4	1	5	1	6
6	6	6	5	6	4	6	3	6	2	6	1
2	1	2	2	2	3	2	4	2	5	2	6
5	6	5	5	5	4	5	3	5	2	5	1
3	1	3	2	3	3	3	4	3	5	3	6
4	6	4	5	4	4	4	3	4	2	4	1
4	1	4	2	4	3	4	4	4	5	4	6
3	6	3	5	3	4	3	3	3	2	3	1
5	1	5	2	5	3	5	4	5	5	5	6
2	6	2	5	2	4	2	3	2	2	2	1
6	1	6	2	6	3	6	4	6	5	6	6
1	6	1	5	1	4	1	3	1	2	1	1

Leitura Recomendada

RUNAS
O Alfabeto Mágico dos Vickings
Gilda Telles

Baseada em seu profundo conhecimento de diversos sistemas oraculares e tradições espirituais, Gilda Telles nos traz suas experiências com sea sistema oracular antigo. *Runas — O Alfabeto Mágico dos Vickings* revela-se um guia na aventura da autodescoberta. Cada uma de suas 25 runas representa um estágio, uma passagem, um portal na jornada em busca da expansão da consciência.

SABEDORIA DOS NÚMEROS
Janette Rossi

Sabedoria dos Números é um livro fácil e prático, que irá ajudá-lo a obter tudo de melhor que o mundo lhe oferece, além de proporcionar-lhe a oportunidade do autoconhecimento, que é imprescindível para uma existência mais feliz.

ASTROLOGIA VOCACIONAL
CONHEÇA MELHOR SUAS VOCAÇÕES
Christina Bastos Tigre

O trabalho pode ser uma atividade prazerosa e gratificante, basta que saibamos qual a nossa vocação. O mapa natal lança uma luz sobre todas as potencialidades, desejos e formas de expressão para conciliarmos a vocação com a profissão. *Astrologia Vocacional* vem acompanhada de um CD-ROM.

NUMEROLOGIA PRÁTICA
Floriano Caldeira

Este livro é indispensável para aquele que deseja autoconhecer-se e até mesmo fazer mapas numerológicos de amigos e empreender seus projetos pessoais sem desperdício de tempo e de energia, facilitando assim a caminhada de cada um.

Leitura Recomendada

Curso de Maestria e Ascensão
por Saint Germain
Carmen Balhestero

Curso de Maestria e Ascensão coloca os ensinamentos do Mestre Saint Germain à disposição de toda e qualquer pessoa que queira dar um passo em direção a uma completa modificação na sua qualidade de vida, habilitando-se a conquistar a plenitude na fisicalidade e longe — bem longe — de idéias distorcidas a respeito de riqueza material e grandeza espiritual.

Milagres São Naturais...
Manifeste o seu!
Carmen Balhestero

Este é mais um lançamento de Carmen Balhestero, autora extremamente conceituada na Fraternidade Branca. *Milagres São Naturais*, como o próprio título diz, é um livro que mostra, ao contrário do que muitos pensam, que os milagres acontecem no dia-a-dia e que é uma manifestação natural, mas, para isso, é necessário acreditar.

Yoga
A Revolução Silenciosa
Sueli Firmino

Em *Yoga — A Revolução Silenciosa*, você irá aprender mais de 40 posturas, conhecendo assim os benefícios que cada uma proporciona.

Práticas de Shiatsu
Márcia Zen

Este livro apresenta a técnica do Shiatsu de forma clara e prática, passo a passo, para iniciantes e leigos em técnicas de massagens. Ele é disposto a partir de pontos problemáticos para que o exercício da técnica possa ser aplicado em casa ou no trabalho, no momento em que ocorrer o problema.

Leitura Recomendada

TARÔ DO CIGANO
J. DellaMonica

O mais completo editado no Brasil. Com cartas coloridas em belíssimo acabamento gráfico-editorial.
Para você, o melhor, sem sombra de dúvida!

TARÔ DE MARSELHA
Espelho Meu — com 22 cartas coloridas
Vera Martins

A autora aborda leituras de assuntos que foram, na maior parte, objeto de consultas, como amor, paixão, trabalho, finanças, viagens e outros, comuns de nossos dias, permitindo ao leitor a necessária compreensão do seu momento.

TARÔ DOS ANJOS
A Sabedoria da Sagrada Cabala
J. DellaMonica

Revisada e ampliada, esta obra traz agora novos capítulos com os métodos de leitura e diagrama cabalístico para tiragem das cartas.

ORÁCULO MAIA, O
O Retorno para as Estrelas
Ariel Spilsbury & Michael Bryner

O Oráculo Maia é um livro composto por quarenta e quatro cartas — vinte selos solares Maias, treze números e onze "lentes do mistério". Juntos, os selos e números formam o Tzolkin, o "giro sagrado" do calendário Maia.

Leitura Recomendada

Curso Prático de Dança do Ventre
Fairuza e Yasmin

As autoras Fairuza e Yasmin escreveram este livro para mostrar ao público os fundamentos da Dança do Ventre. É um texto bastante abrangente, explanando todos os detalhes dos movimentos e dos preparativos para uma apresentação.
A Madras Editora está publicando juntamente com o Curso Prático de Dança do Ventre uma fita de vídeo para que os leitores possam acompanhar as autoras como se estivessem, de fato, recebendo aulas sobre esta modalidade de dança.

150 Jogos Não Competitivos para Crianças
Todo Mundo Ganha!
Cynthia MacGregor

Neste livro, educadores e pais encontram centenas de atividades e jogos divertidos, estimulantes e criativos, cuja prática vai fazer que as crianças estabeleçam relacionamentos pessoais mais saudáveis.

Internet para Crianças
Rich Mintzer & Carol F. Mintzer

Internet para Crianças é um livro divertido, original, dinâmico e educativo. Se você pensa que destruir alienígenas é o que há de mais interessante para fazer com seu computador, espere só para ver o que está à sua disposição na grande rede mundial! Prepare-se para uma grande aventura. Você nunca viu nada igual!

Estimulando a Mente do Seu Bebê
Dr. S. H. Jacob

Este livro mostra o que os pais podem fazer para ajudar seus bebês a desenvolverem totalmente seu potencial durante os primeiros anos de vida, pois esse é o momento mais crítico do desenvolvimento intelectual humano. A mente do seu bebê é talvez a coisa mais maravilhosa que você vai encontrar e quanto mais a conhecer, mais miraculoso será o encontro!

MADRAS® Editora
CADASTRO/MALA DIRETA

Envie este cadastro preenchido e terá todas as informações dos nossos lançamentos, nas áreas que determinar.

Nome _____
Endereço Residencial _____
Bairro _____ Cidade _____
Estado _____ CEP _____ Fone _____
Email _____
Sexo ☐ Fem. ☐ Masc.   Nascimento _____
Profissão _____ Escolaridade (nível) _____

Você compra livros:
☐ livrarias ☐ feiras ☐ telefone ☐ reembolso postal
☐ outros: _____

Quais os tipos de literatura que você LÊ:
☐ jurídicos ☐ pedagogia ☐ romances ☐ técnicos
☐ esotéricos ☐ psicologia ☐ informática ☐ religiosos
☐ outros: _____

Qual sua opinião a respeito desta obra? _____
_____

Indique amigos que gostariam de receber a MALA DIRETA:
Nome _____
Endereço Residencial _____
Bairro _____ CEP _____ Cidade _____

Nome do LIVRO adquirido: O JOGO DOS SACERDOTES – ASTRÁGALOS

MADRAS Editora Ltda.
Rua Paulo Gonçalves, 88 – Santana
02403-020 – São Paulo – SP
Caixa Postal 12299 – 02013-970 – SP
Tel.: (0_ _11) 6959.1127 – Fax: (0_ _11) 6959.3090
www.madras.com.br

Para receber catálogos, lista de preços
e outras informações escreva para:

MADRAS®
Editora

Rua Paulo Gonçalves, 88 — Santana
02403-020 — São Paulo — SP
Tel.: (0_ _11) 6959.1127 — Fax: (0_ _11) 6959.3090
www.madras.com.br